BOOK BENCHERS PUBLICATIONS PRESENTS

UNKAHE KISSE

Compiled By:

SHIPRA VATS

AISHWARY RAJ

AELAY PUBLICATION

A dream come true for every writers out there. We spot every possible problem for the writers, help in rectifying them and guide them towards the best outcome. We make sure to understand your needs, dreams and expectations, and nourish them with our services and stop not until we fulfill your dreams. The writers have a right and freedom to choose what they want here. They have us to guide them through the hardest path until the end. Believe in us.

Aelay Publication - by a writer for the writers.

<u>BOOK BENCHERS</u>

Book Benchers is the affiliate of Aelay publication. Both the publication is handled by Astro.
Aelay plays the role of publishing solo books. And Book Benchers is epically for publishing anthologies.

Book Benchers have 2 different teams.
1. Tamil

2. English/Hindi

Never mind what our main motive is to help all the budding writers, who are seeking for their dream of publishing their own book to come true.

We are there to help out everyone.
In guiding for starting up with your carrier in compiling until finishing your full book.

Book: **UNKAHE KISSE**

Compiler: **SHIPRA VATS**

Compiler **AISHWARY RAJ**

First Edition: October 2021

Design And Executed by

ISBN : 978-93-5533-082-6
Page : 144

<u>AKNOWLEDGEMENT</u>

This anthology is purely a work of fiction. The compiler has tried to make sure that all the write-ups in this book are original and are plagiarism free. The compiler has also made efforts that all the write-ups are unique, and they belong solely to the co-authors. In case of any detection of plagiarism , neither the publisher house nor the compiler and the editor are held to be responsible. The sole responsibility of the write-ups lies on the co-author.

<u>DISCLAIMER</u>

" **Unkahe Kisse"** under **Book Benchers Publication House** is a work of fiction. All the thoughts, writings has been penned by the imaginative purpose of the writers itself. We do not take any responsibilities in case of plagiarism of content found as the publication, founders nor the compilers would be responsible for this. The writers will be the sole source of the above same.

<u>FOUNDER</u>

IRUDAGA ASTRO

Irudaga Astro, From Tirunelveli, Founder of Aelay and BB (Book Benchers)

He had completed his BE.

He has written 3 Tamil poetry book's which hits the top list on social media!

His main aim is to allow the writers to publish their words as their book rather than just Posting them on Insta.

LINK AND POSTER MAKER

CATHERINE ASMI T

Catherine Asmi T, From Tirunelveli

She has completed her M.com

Her passion is Drawing and Designing..

TEAM HEAD

She is a passionate writer from Chennai. Writing makes her pressure go away. She had played the role of co-author for more than 100+ Antho's.

She would like to thank her parents and her Loveable Brother for supporting her rather than stopping her from what she wanted to do! For being the main reason for achieving her dreams. As well as for standing beside her in all the ups and downs. Whenever she feels like she needs to get out of her stressful timing or feels like she needs peacefulness, she starts to paint, she would never mind sitting in the same place for so many hours when it comes to her painting. She believes that anyone could hurt her, But never her books could!!

INDEX

SHIPRA VATS

Shipra Vats is from Ranchi, Jharkhand. She is currently pursuing B.A. (2nd Year) from MMV, BHU- Varanasi. According to her writing is therapeutic because giving words to your feelings can give you inner peace. She prefers her journal over people. She started writing when she was 16 as a hobby and soon became passionate about it. She gets the inspiration for her stories from the people around her and the nature. Shipra is a trained classical dancer who also enjoys reading and painting. She can watch the sky for hours. She wishes to continue writing poems and stories as a way to express herself and to reach people's heart.

एक बेटी का सफर

पर्वत से अवतरित होकर
उसकी विशाल परछाई के तले,
एक घर के आंगन में, ममत्व की गोद में
एक बेटी का जन्म होता है।

बिल्कुल एक नदी की भांति
पवित्र, निश्चल एवं कोमल,
उस घर को आबाद करते हुए
वह बेटी अब बड़ी होने लगी है।

पर्वत की गोद को अलविदा कह
अब वह बेटी घाटियों में आ चुकी है,
उसके बदन को अब आकर मिलने लगा है
वह बेटी अब जवां होने लगी है।

धरती यहां हरियाली की चादर ओढ़े हुए है
सब कुछ सुहाना है, सब कुछ हसीं है,
उसे यह सब हर्षित करने लगा है

वह बेटी अब ज़िन्दगी जीने लगी है।
गांव से होती, ज़िन्दगी को जीतीं
उल्लास से भरी, अब वह शहर को पहुंची है,
यहां गंदगी का अंबार है, उसका जीना दुशवार है
हर इंसान उसे हैवान लगने लगा है
वह बेटी इस दुनिया का असली रंग पहचानने लगी है।

सब उसे अपने हिसाब से इस्तेमाल कर रहा है
कोई अपने शरीर का मैल, कोई कचरा उसमे भर रहा है
कभी मां, कभी पत्नी, कभी स्त्री कहकर उसे सब
दुत्कारने लगे है
वह बेटी अब अपनी नियति को समझने लगी है।

संसार का बोझ लिए वह चल दी है अपने गंतव्य की
ओर
उसकी रफ़्तार अब धीमी हो चली है,
इस दुनिया के रीति रिवाज को ढोते ढोते
वह बेटी अब बूढ़ी हो चुकी है।

समुद्र में मिलकर, अब वह शांत हो गई है,
वह बेटी अब इस दुनिया को अलविदा कह गई है।

-Shipra Vats
AISHWARY RAJ

Aishwary Raj is pursuing BCA studies and now she is a 1st year student. She is from Varanasi. She is fond of writing, reading books and listening to songs. She is also a good dancer and home baker. She started writing since her childhood. When she was studying in 5th standard, she penned down her first note about her feelings. For her writing is all about emotion and part of her life. Whatever she writes is what she feels and think about herself randomly. She doesn't need to think too much to write about something.

इंतजार

इंतजार करती हूँ अब भी,

मैं तेरा बनारस के घाटों पर

जहाँ इश्क़ के किस्से गढ़े थे

हमने घाटों की सीढ़ियों पर बैठ

चाय की चुस्की के बीच बातें हजार

अक्सर मेरा दिन बना देती थीं

तुमको याद है...

वो हमारा साथ में नाव पर बैठ घूमना

गंगा की चंचल लहरों पर होती

हमारी शरारत भरी बातें

और प्यार भरी थपकी...

घण्टों साथ समय बिताना

और दूर घाटों पर साथ टहलना

अब तो सिर्फ यादें ही शेष हैं इनकी

जो आज भी मेरा साथ देती हैं... अक्सर |

-Aishwary Raj

ANUSHREE ALVA

Co-Author Anushree Alva goes by the pen name Aaina
Alva who is currently living in Mangalore, Karnataka.
Before she started writing, Aaina finished her pre
University course in Canara College. Now she took the
Bachelors of Computer Applications. She never planned
to be a writer but was definitely destined to be one. Her
journey started from reading novels to collecting qoutes
and ended up writing astonishing and relatable qoutes on
her own. Influenced by ups and downs of her own life,
she started writing qoutes and wants to be read and
related by people.

MY UNDYING HOPE

I've been waiting forever for you.
I knew not where you've been
I knew not how you looked
But I've always hoped ;
That you would show up.
From my first movie
On love story ;
I let my heart wander free.
Free to roam and chase
Till I find your face.
I came across many whom I hoped,
To be you, honey.
But as the time passed by,
They said their "good bye".
Like the season of spring,
Love, did the blooming couples bring
When whom I saw, I
Imagined us to be together ;
To be like them till the ends of our time.
With the autumn leaves fall,
I saw relations too fall.
Which sowed a fear in me;
Fear of losing thee.
"Don't end your story before it could even start",
So said my heart.
As the time went on
And part of my hopes gone ;

Voila! You came!, before
Last bit of my hope runs out ;
Like the first drop of rain after years long of drought.
The moment I saw you I knew
My undying hope was waiting for you.
I remember our greets, and times
When we were total control freaks.
I still don't know why did I tell you my
Secrets which I withheld so far, shielded
Out of fear of their loathe.
But you offered to stand in my shoes
And see the world as I do.
I hoped you to be my love,
But you said like a gentle dove :
That my feelings for you, were
Nothing but friendship true.
You guide me,
You chide me,
You are always there beside me
As a support I can rely on.
Love or friendship
Whatever it may be;
You are my –
Undying hope, for eternity.
And I'm happy to just have you in my life.

-Aaina Alva

VINEET KUMAR

Vineet Kumar is pursuing MBBS studies and now he is a third year student. He is fond of writing, reading books, listening songs, especially he is also a good chef, home baker. He started writings since his childhood. When he was studying in 5th standard he penned down his first note about his feelings. For him writing is all about emotion and part of his life. Whatever he writes is what he feels and thinks about himself randomly and he need not to think too much to write about something.

बहने दो इन अश्को को..

बहने दो इन अश्को को

इनका कोई मोल नहीं....

तू सब के लिए अच्छा हो जाए

इतना तेरे में अभी जोड़ नहीं...

बहने दे इन अश्कों को

तू इतना भी कमजोर नहीं

साथ नहीं है कोई तेरे

तो क्या हुआ ...

तू खुद से अनजान तो नहीं

माना दुश्मन बहुत है तेरे...

पर तू किसी का गुलाम तो नहीं

आज बहने दे अश्को को भी

इनका भी किसी को इंतजार होगा...

किसी को इनसे भी तो प्यार होगा...

- Vineet Kumar

ROHIT PATEL

Co-Author Rohit Patel is from Prayagraj, a simple boy and a craze charm within. He completed his graduation from CMP College, University of Allahabad. He loves to try anything and everything out there. His hobbies are writing and photography. In writing field, he is a published writer and got published in an Anthology and in photography, he is a member of Photographer Society of Prayagraj. You can contact him at- IG – Prayag_vale_bhaiya

मेरी दुनिया हो तुम

तुम ही हो

मेरे अधूरे प्यार की आस हो तुम,

छू कर गुजर जाए वो एहसास हो तुम,

मेरी ज़िन्दगी का करार हो तुम,

मेरे दिल का प्यार हो तुम,

मेरे लिए मेरी दुनिया हो तुम

मेरी नज़रों की तलाश हो तुम,

मैंने जो चाहा वो प्यार हो तुम,

मेरे इंतजार की राहत हो तुम,

मेरे दिल की चाहत हो तुम,

मै लब हूं मेरी बात हो तुम,

मै तब हूं जब मेरे साथ हो तुम,

मेरे दूर होते हुए भी इतने पास हो तुम,

क्या बताऊं मेरे लिए कितने खास हो तुम,

मेरे रुख की आवाज हो तुम,

कहा ना बहुत खास हो तुम,

मेरे लिए मेरी दुनिया हो तुम।

-Rohit Patel

POONAM RAUT

Co-Author Poonam Raut is a good writer from Seraikella-Kharsawan, Jharkhand. She has completed her graduation in Arts stream. She loves to draw sketches, painting and reading novels. She has been writing poetry, story for 5 years as her passion. She wants to be a successful writer in future. You can be in touch eith her via Instagram id - @poonam_raut_with_creative_pen Email id - raut.poonam258@gmail.com

लड़के भी रोते हैं

लड़के भी घर से बाहर, मम्मी पापा के बग़ैर होते हैं

यदि लड़कियाँ घर की लक्ष्मी, तो लड़के भी कुबेर होते हैं।

बस यादें ही जा पाती हैं अपने गाँव जमीनों तक

लड़के भी कहाँ घर जा पाते हैं, कई साल महीनों तक ।

अपनों के सपनों के खातिर ये भी मजबूर होते हैं

अजी लड़के भी रोते हैं, जब घर से दूर होते हैं ।

बेरोजगारी की समस्या से जूझ रहे होते हैं

फिर भी अपनों के खातिर सारे दर्द सह रहे होते हैं ।

यूँ तो कहा जाता है की लड़के रोते नहीं है

अजी लड़के भी रोते हैं, जब घर से दूर होते हैं ।

- Poonam Raut

AAYUSHI KHEDIA

Co-author Aayushi Khedia is a student from Purulia, West Bengal. She can't express much and that is the reason why she started writing. She believes sometimes words speak. Through her shayaris, she tries to express her feelings. She is not a writer by profession but writing is her passion. She wrote her first shayari when she was 9 yrs old. She still remembers that day. Firstly she gives the credit to her mom. Her mother is an exceptional writer but is not famed by others. She thanks 'Your Quote' too that gave her a platform to flourish her writings. She wants to thank her father who always supported her. She wish that he could see this and is determined to make him proud one day. She always try to write not for fame but for the love of her readers.

माँ

हमे अपनी कोख से जन्म देती हैं,

वो हैं माँ।।

आँखें खोलते ही प्यार बरसाती हैं,

वो हैं माँ।।

माँ जो नहीं लेती हैं पैसे,

कौन होगा उनके जैसे।

अपनी प्यार से छु लेती हैं हमारा मर्म,

कुछ भी कर लेती हैं हमारे लिए बिना किए शर्म।

रहती हैं हमारे साथ दर्द के समय,

कभी बचाती हैं मर्द से हमे।

धरती पर हैं हमारी भगवान,

जिनका हमेशा करना चाहिए सम्मान।

प्यार से इन्हें कहते हैं अंबा,

जो हमे बचाने के लिए खड़ी रहती हैं जैसे एक खंबा।।

-Aayushi Khedia

JATIN ORAON

Co-Author Jatin Oraon is from Palamu, Jharkhand and is currently living in Varanasi for his studies. He is pursuing his bachelors degree in English Hons. (2nd Year) from Banaras Hindu University. He is a district level cricketer and has represented his district in U-16 Cricket Tournament. He is an extremely talented singer and has won several singing competitions. He also enjoys playing Guitar and Keyboard. He started writing when he was 15 and since then it has become a way of expressing his heart. He goes by the pen name 'Kush Jatin'. He believes in living his desired way of life through the characters of his poems/stories.

चांद, इश्क और तुम

बेसबब मुस्कुरा रहा है ये चांद

कोई साज़िश छुपा रहा है ये चांद

इन सर्दियों की रातों में, हंसती-मुस्कुराती बातों में

तेरी जुल्फों से होती, मेरे दिल को छूती

तुझे मेरा बना रहा है ये चांद

बेसबब मुस्कुरा रहा है ये चांद

कोई साज़िश छुपा रहा है ये चांद

ठंडी हवाएं, घना आसमान

हमारे इश्क का दे रहा ये फरमान

हमारे इश्क के पहली छुअन की

याद दिला रहा है ये चांद

तुझे देख ऐसे खिलखिला रहा है ये चांद

तेरे लिए ही गा रहा है ये चांद

बेसबब मुस्कुरा रहा है ये चांद

कोई साज़िश छुपा रहा है ये चांद

बहुत आई मुश्किलें हमारी ज़िंदगी में

बहुत आई अड़चने हमारी राहों में

इन सब को भुला कर

तुझे मेरा बना रहा है ये चांद

हमारे इस अनोखे रिश्ते को

और अनोखा बना रहा है ये चांद

बेसबब मुस्कुरा रहा है ये चांद

कोई साज़िश छुपा रहा है ये चांद

- **Kush Jatin**

RAVI SHRIVASTAVA (BIPUL)

Co-author Ravi Shrivastava lives in Motihari, Bihar, East Champaran. He goes by the pen name 'Mr.Ravi'. He is all types story, poetry and shayari writer. His hobbies are travelling, photography and writing.

कुछ अनकहे किस्से

कुछ अनकहे किस्से है तेरे-मेरे प्यार के

जिसे मैं आज कुछ शब्दों में बयां कर रहा हूँ

कुछ हसीं पल हैं तेरे-मेरे साथ के

जिसे अपने अल्फाजों से सजा रहा हूँ

आज भी याद हैं हमें क्या तुम्हें भी याद हैं

वो तुम थी जो खुशबू बन

लिपट रही थी मेरे साथ में

कभी हसी बन कर कभी गुनगुना कर

लेकर मेरे हाथो को अपने हाथ में

खुशी के कतरे दिये इस कदर

तुमने अपनी पहली मुलाकात में

मिली संग तन्हाई भी हमें

तेरे-मेरे इस मुलाकात में

दे गई तुम मुझे ये सौगात कैसी

दो-चार पलो की बात में

तेज चमन धूप जैसी मुश्किलो के दौर में

तुम आई घनी छाँव बन कर साथ में

वो तुम ही थी जो दे गयी हमें

नाज़ुक स्वप्न बन कर रात में

मुद्दतों बाद मिली तुम हमें इस कदर

जैसे भिंग जाये बदन सावन के बरसात में

जिस्मफरोस बेचारे क्या जाने

जो जन्नत मिली हमे तेरे साथ में

पिकर हुस्न का समन्दर हम

इस कदर डूब चुके थे तेरे प्यार में

वो तुम थी जो नाज़ुक स्वप्न बन कर

आई हसीन रात में

-Mr. Ravi

MEGHA JHA

Co-author Megha Jha is from Jamshedpur, Jharkhand. She is currently a student of class 12th. She started writing when she was 15. She loves to give words to her feelings. She is good at dancing and drawing. She likes to read novels and is fond of dogs. She is a helpful and cheerful girl.

YOU GO GIRL

You are strong..

You are brave..

Don't you see your worth?

Is there any dearth?

You are champ..

You are tough..

Can't you listen?

Have you even fixed your vison?

Don't you think you deserve it?

Aren't you worthy of it??

God made you, such a beautiful fearless creature

Who is like that leaf of spring which blooms after every
Autumn

Don't waste god's efforts, girl

And I urge you to utilise your wisdom

And, choose the right path ahead

Because, you girl

You deserve it ! !!!! You are worth it !!

- **Megha Jha**

ANANDI SRIVASTAVA

Co-author Anandi Srivastava is a budding poet who lives in Lucknow and likes to compose when life and inspiration strikes her. She tries to express her feelings in the form of words which sing along when she pens it down in the form of a poem.

अधूरी मोहब्बत

दिसंबर की वह सर्द रात आई और वह मेरे साथ आई ,

हम दोनों थे एक दूसरे के आगोश में ।

और ना जाने क्यों हो गए मदहोश से ।।

देखते ही देखते वह मेरे करीब आई और ना जाने क्या कानों में फुस्फुसायि ,

मैं हंसने लगा जोर जोर से जैसे कयामत के वेश में रात आई ।

वह धीरे-धीरे अपना झूठ यू बतला रही थी ना जाने किस से वह अपना सच छुपा रही थी,

मानो आ गया हो उसकी जिंदगी में कोई और ना जाने क्यों इसे जताने की जगह छुपा रही थी ।

उस दिन वह अपने लिबास में क़यामत सी हसीन लग रही थी मानो पूरी होने किसी की मुराद आई हो ।

मानो पूरी होने किसी की मुराद आई हो जहर की भी जरूरत ना पड़े जहर की जरूरत भी ना पड़े मानो खुदा के पास ऐसी कोई फरियाद आई हो मानो खुदा के पास ऐसी कोई फरियाद आई हो।।

मैं चुपचाप सा अपने जज्बातों को यू दफन कर रहा था, ना जाने क्यों अधूरा सा रह गया मैं उसके जाने के बाद ना जाने क्यों अधूरा सा रह गया मैं उसके जाने के बाद ,जैसे वह लव्ज़ अधूरा रह गया समुद्र की लहर आने के बाद जैसे वह लव्ज़ अधूरा रह गया समुद्र की लहर आने के बाद।।

-आनंदी श्रीवास्तव की कलम से

SALONI GUPTA

Co-author Saloni Gupta is a rookie writer from Mumbai. She's in Ty.Bcom. She has been writing her thoughts as quotes since she was in 9th. She wants to be a Professor.

ONLINE से OFFLINE FRIENDS

अजनबी से अच्छे दोस्त बने

Online से Offline यार हुए!

कभी बिन Dp देख घंटों बातें की...

तो कभी देर रात अपने दुःख बाटे...

कभी एक दूसरे की तारीफ़ की...

तो कभी ढेर सारे शिकायतें...!

यूं तो मिले हुए साल बीत गए

पर अभ्भी वो दोस्त इस दिल में है

मिलने की चाह हमें

आज भी पहली मुलाकात सी हैं!

वो दूर है मुझसे

जैसे धरती से चांद

फिर भी करीब है मुझसे

जैसे जिस्म से जान!

- Saloni Gupta

WALEED JAMSHED

43

Co-author Waleed Jamshed goes by the pen name Anonymouswrites17. He works at furniture showroom. He puts his random thoughts into words and those words are put into sentences and outcome is something meaningful and relatable.

CONFESSIONS OF LIFE

Many confessions, many lies

Meet many people, made many sad and a few smile

Life was going in opposite direction,wrong was being
done everyday

Hard times,and been left alone, had broken me from
within

No one to go to, no one to teach me what was right

All I wanted was to survive another day, didn't matter
the way

Then suddenly one person came into life, that changed
the world

Held my hand, and determined to change me to be better

Loved me to take care of me, and ignoring the negitive
side of me

My past was something I confessed to her, because her
love melted me

My present is bright, because of my confessions of life

Confessions of life were made, because her love was
pure

-Waleed Jamshed

YAMINI VASAVA

Yamini Vasava is an electronics engineer from cultural city Vadodara. Apart from study she is a fond of creative writing. She wants to spread smiles everywhere wherever she goes. She loves to motivates people around her. Her motto of life is to sprinkle a little sparkle in people's life.

BEAUTY OF NATURE

I was sitting on the beach

Watching the beauty of nature

Mesmerized by different shades of nature

That skies who was turning orange from blue

That birds who were returning to their nest

All were enthralling me.

Suddenly all the movement of thoughts was stopped

And got lost in the sound of waves

Got lost in shades of twilight

In this twilight the stars were looking at me!

And told me you're a star

Don't forget to shine no matter what's happen to you

And suddenly I'm filled with gladness

And thinking nature is so beautiful

You just have to adore the beauty of that

Will tell you so many things which may transfer your
life miraculously.

-Yamini Vasava

AARAV PANDEY

Co-author Aarav Pandey is a student who is fond of writing poems.

रांड़

उस पाक मन को बेपाक करके,

रात और काली गुमनाम करके।

उधेड़ दिए सारे अंग के धागे,

मन कस्तूरी और भी तेज भागे।

कहने पर 'खोल दो'

आदत के वो पजामें खुल गए

अनंत थे अब शून्य हो गए

देख मन शांत है

साँसों के धागे टूट गए।

आँखे बंद और देह लूट गये,

मुक्कमल है अब तेरा मन

और शून्य वो जीवन।

बस! अब 'बंद करदो'।।

- **Aarav**

SILACHI KUMAR "VयोगGI"

Co-author Silachi Kumar lives in Varanasi. He is a student of M.A. His D.O.B is 24 January. His Zodiac Sign is Aquarius. He is a thoughtful artist. He loves nature and music. He is also an animal lover. He is humoristic and optimistic. He goes by the pen name 'Vयोगi'.

आँखे

इन आँखों ने भी न जाने क्या - क्या मंजर देखा है।

कहीं ख़ुशी की हरियाली,

तो कहीं दुखों का बंजर देखा है।

कहीं अमीरों को हिष्ट - पुष्ठ होते हुए,

तो कहीं गरीबी से मर रहे बेसहारों के अस्थि-पंजर को
देखा है ।

कहीं दो दिलों का संगम,

तो कहीं किसी के दिल को टूटते हुए के देखा है।

कहीं किसी का सपना साकार होते हुए,

तो कहीं किसी के सपने को बिखरते हुए देखा है।

कहीं पराये को अपना,

तो कहीं अपनों को पराया होते हुए देखा है ।

कई दफ़ा...

दूसरों ने दिलाया भरोसा फिर धूल झोंका है ।

पर ये आँखें ही हैं हुज़ूर......

जिसने हमेशा धूल झोंकने वालों को ही सराखों पर रखा है ।

-आपका #Vयोगi

SANTOSH MAURYA

52

Co-author Santosh Maurya goes by the pen name 'Raja Maurya'. He is a graduation student. He loves writing poetry and reading something new.

तुम्हारे ही ख्यालों से जगता हूं मैं

तुम्हारे ही ख्यालों से जगता हूं मैं,

तुम्हारे ही यादों में सोता हूं मैं...

जो ना मिलती तुम किसी रोज़ मुझे,

बैठ अस्सी घाट किनारे रोता हूँ मैं...

मेरी दुआओं की बंदगी हो तुम,

सुनो! मेरी जिंदगी हो तुम...

ना तुम्हारे बिना एक पल चैन आता मुझे,

साथ बिता वो हर लम्हा याद आता मुझे...

क्या तुम्हारा भी हाल मेरे जैसा है,

बिन चाय के खाली कुल्हड़ जैसा है...

दीवाना हुँ तुम्हारा मेरी दीवानगी हो तुम,

सुनो! मेरी जिंदगी हो तुम...

तुम्हारे प्रेम में खुद को खोया है मैंने,

तुम्हारे साथ ही अपना हर ख्वाब संजोया है मैंने...

तुम हो गंगा मेरी तुम्हारा किनारा हूँ मैं,

तुम्हारे ही इश्क में आशिक-आवारा हूँ मैं...

आवारा किनारा हूँ मेरी आवारगी हो तुम,

सुनो! मेरी जिंदगी हो तुम...

कहने को तो वादा सात जन्मों का था हमारा,

फिर कैसे मेरे हाथ से हाथ छुट गया तुम्हारा...

कहा था तुमने बनारस में गंगा-घाट रहेगा जब तक,

तुम्हारा प्रेम भी मेरे जीवन में रहेगा तब तक...

मुझे अपने प्रेम में रंगने वाली रवानगी हो तुम,

सुनो हां तुम ही! मेरी जिंदगी हो तुम...

- Raja Maurya

ARADHANA DAMANI

55

Co-author Aradhana Damani is a good writer who writes as a way to express her creativity.

अकेलापन

अकेलेपन का एहसास

होता है कुछ खास

कोई अगर ना हो पास

मन करता मन से बात

कोई अगर होता पास

सुननी पड़ती उसकी भी बात

सभी को अकेलापन खलता

मन अकेले रहने से डरता

पर सच कहूं यह है प्यारा एहसास

सभी हरदम रहे साथ पर कुछ समय

अकेलेपन का जरूर करें एहसास

\- **Aradhana Damani**

SUCHITA SINGH

Co-author Suchita Singh, a 16 years old girl just completed her class 12th from Humanities. She goes by the pen name 'Succhi'. Her native place is Varanasi in Uttar Pradesh. She is very passionate about writing hindi poems . She wants to become an I.A.S office in future.

फौजी

जो बेटा अपने माता पिता को छोड़ गया था

मैं लौट कर आऊंगा जरूर यही कहा गया था

निभाया वादा भी उसने अपना

फर्क इतना था वह खुद नहीं आया

बल्कि चार लोगों ने उसे उठा कर लाया था ।

क्या नाम दोगे ऐसे बेटे को तुम

क्या आम इंसान कह कर

वहां से निकल लोगे तुम ।

जिसे इंतजार रहता है एक राखी का

बहन के द्वारा ना सही खुद से ही कलाई पर बांधने का

पास ना सही दूर से ही उसकी हिफाजत करने के संकल्प लेने का

क्या नाम दोगे ऐसी भाई को तुम

आम इंसान कह कर वहां से निकल लोगे तुम ।

जिसके सारे रिश्ते नाते पीछे छूट जाते हैं

जिसका घर परिवार उसकी मातृभूमि बन जाता है

जिसकी एक पल की नींद कहीं गुम हो जाती है

जिसको हर वक्त अपनी मातृभूमि के हिफाजत की चिंता
सताती है

क्या नाम दोगे ऐसे देश प्रेमियों को तुम

आम इंसान कहकर वहां से निकल लोगे तुम।

जो देश की मिट्टी को अपना खुदा मानता है

जल वायु पृथ्वी जिसे प्रणाम करते हैं

कोई आम इंसान नहीं बल्कि वहीं

भारत मां का लाल कहलाता है

एक फौजी की जिंदगी जीता है

एक फौजी की मौत मरता है

वो एक आम इंसान नहीं हो सकता बल्कि

वो फौजी ही है जो तिरंगा का कफन

पहनने का सौभाग्य रखता

-Succhi Singh

THE BANARASI WRITER

आपका निवास महादेव की नगरी काशी में हैं, आप एक लेखक हैं और काशी हिंदू विश्वविद्यालय से संबद्ध दयानंद एंग्लो वैदिक स्नातकोत्तर महाविद्यालय से स्नातक की डिग्री कर रहे हैं। आप 19 साल की उम्र से लेखन प्रक्रिया (शायरी, कविता आदि) ऑनलाइन प्लेटफार्म जैसे :- Instagram, Facebook पर अपनी लेखनी प्रस्तुत करते हैं। और Instagram जैसे प्लेटफार्म पर आपकी I'd @the_banarasi_writer_ है और फेसबुक पर भी @thebanarasiwriter है।

मुमकिन

अगर मुमकिन हो तो इश्क करना हमसे,

यूं तो कई दिन बीत से गए,

ना तेरी खबर मुझे मिली कही,

बस जिंदगी में तेरी तलाश करते गए,

पता नही है अब क्या होगा इस जिंदगी का,

खबर अगर मिले किसी को उसकी तो,

बस एक बार बता दीजिएगा,

यूं तो बहुत मुश्किल से संभाला है खुद को हमने,

फिर भी अगर मुमकिन हो तो इश्क हमसे कर
लीजिएगा।।

- The Banarasi Writer

PRERANA SHAHAPURE

Co-author Prerana Shahapure is currently living in Hyderabad. She has find solace in inking her heart and painting what she can't express through words. For her its an escape from all of the chaos and reality. She has participated in 10+ anthologies and she is glad to be part of this. You can find her on Instagram. Her ig handle is @inking_palette_ .

AWAKENING

Grass hustling beneath,
Brisk wind swung by
"Why was I there?"

Misty the violen I played
Lost In the jinx of my tune
"Had there been someone around?"

The notes became my words
Composing a melody, a poem.
"Is it the forbidden land?"

Far away from anyone
I felt at home, all by myself.
"Is this where I belong ?"

Behold the soulful journey ahead
I found what I was looking for.
"In solitude lies my sanity."

Wondering,
I rested on the ground.
"This was an awakening
Or the start of the reckoning."

-   **preRaNa**

RAJAN VISHWAKARMA

Co-author Rajan Vishwakarma lives in Varanasi. He is pursuing Masters in Commerce. His D.O.B is 2 June. He studies in MGKVP, Varanasi. He loves photography and is addicted to music. He is a simple boy who enjoys writing.

सोच समझ कर खर्च करो

सोच समझ कर खर्च करो

ये जिंदगी नहीं है आसान,

इसे सोंच समझ कर खर्च करो,

आये हो इस दुनिया में तो,

निस्वार्थ भाव से बस कर्म करो,

सात जन्मों की कड़ी तपस्या है,

इस धरती रूपी जीवन मे आने का,

और सात मिनट भी नहीं लगेगा,

इस कर्मयोगी जीवन को नर्क बनाने का,

मिलता है ये मानव रूप अच्छे कर्मो के बाद,

चंद मिनट भी नहीं लगेगा इसे नश्वर बनने मे,

बस आये हो इस दुनिया में तो अच्छे कर्म करो,

जिंदगी मिली है तो सोंच समझ कर खर्च करो.....

\-   **Rajan Vishwakarma**

RATI SRIVASTAVA

Co-author Rati is a student who has completed her 12th. She is a cute girl with lots of creativity in mind.

प्रकृति

चारों ओर चिड़ियों की किलकारियों का शोर गूंज रहा है।

पहाड़ों की ठंडी हवा मुझे छूकर और भी शीतल हो रही
है।

इन हवाओं में इन फिजाओं में ,

पायल की छन्न-छन्न मधुर संगीत की ध्वनि बजा रही
है।

चारों ओर एकांत पसर रहा है,

अब मन की शांति और मौन दोंनो बढ़ रहा है।

हवायें फिजायें घटाये सभी झूम रहे है

संग उनके मैं भी झूम रही हूँ ।

एक शोर अब खामोश है मुझमें

प्रकृति अपने रंगो को बिखेर रही है और

मैं इत्मीनान से उन्हें समेट रही हूँ

पहाड़ों से रिसती हुई बूंदे ,

अब मुझमें घुल रही है,

और मैं उन में घुल रही हूँ

हवायें अब मुझमें और मैं हवाओं में बह रही हूँ।।

\-   **Rati Srivastava**

SAURABH SUMAN

Co-author Saurabh Suman goes by the pen name S. Saurabh. He is a guy with sweet gesture who inks his feelings into poetry.

मौसम

देखो सौरभ आज मौसम में कितना रंग है

क्षितिज पर भी उमंग है;

पौधे झूम रहे हैं पक्षी गा रहे हैं

क्योंकि आज अंबर धरा एक संग हैं।

- **S. Saurabh**

YASH BARNWAL

Co author Yash barnwal is a good writer from sasaram Bihar. He is pursuing his graduation in commerce stream. He is writing his micro tales, quotes and poems from 2 years. He wants to join civil services.

MUMMA YOU SEE?

Mumma I love this girl,

Who has eyes like stars, shiny and bright.

Everytime when she smiles,

Her face changes like a flower bright and gorgeous.

Who has nose like an autumn evening frozen at the end

Which turns red

Everytime she cries

After remembering the bad times.

Who has lips

Like a small baby

Which turns into a small curved smile

Whenever she sees her favourite chocolate.

Mumma I love this girl

Who always holds a smile

In every difficult situation.

Mumma I love this girl

Who loves the rain more

Than anything in that moment.

I love the way

She acts like a weirdo

Whenever she talks with me.

The way she understands situations

The way she tries to

Handle everything calmly.

Mumma I love this girl

Who cries whenever she feels pain

She acts to be strong

But is very sensitive

And don't want to say anything

And holds the pain inside her.

Mumma I love this girl,

Whom I fear losing much

This girl, whom I want to

Share my cup of tea.

This girl who is

Not just other girl for me.

This girl whom I expect to stay.

Mumma you see?

I love this girl

-    **Yash**

VAISHALI TANTI

75

Co-author Vaishali Tanti is from Kolkata, West Bengal. She goes by the pen name Vidhi Gupta. She is a student of MMV, BHU- Varanasi. She started writing when she was 16. She writes because it calms her mind and gives her inner peace.

क्या करें.....

जब किसी को टूटकर चाहो और वो तुम्हें तोड़कर चला जाए?

जब आप किसी से समय निकालकर बात करो और वह खाली समय होने पर बात करे?

जब आप किसी की परवाह में रात जागकर बिता दे और वह आपकी परवाह ही ना करे?

जब आप किसी के लिए भूखे रहे और उसे आपकी भूख की फ़िक्र ही ना हो?

जब आप किसी के लिए रोए और उसे आपके आसूओं की कद्र ही ना हो????

इसलिए अब.....

मैंने भावनाओं को काबू करना सीख लिया है तुम्हारी तरह

मैंने रूठो को मनाना छोड़ दिया है तुम्हारी तरह

मैंने किसी को रुला कर सुकून से सोना सीख लिया
है तुम्हारी तरह, मैं पत्थर दिल हो गई हूं तुम्हारी
तरह

मैंने वक्त के साथ बदलना सीख लिया है तुम्हारी
तरह

सुनो, लोग कहते हैं मैं बदल गई हूं

शायद मैं हो गई हूं तुम्हारी तरह....

-   **Vidhi Gupta**

HIMANSHI RAJPUT

Co-author Himanshi Rajput is a good writer. She expresses her feelings in her words.

इश्क

इश्क मेरा इतना हलका नहीं, जिसे तु इतनी
आसानी से मिटा दे।।

मुझसे कोई खाता हुई नहीं, जिसकी तु मुझे साजा
दे।।

ये बात तु खुद भी जानता हैं कि हम वो चीज नहीं,

जिसे तु आसानी से भुला दें।

- Himanshi Rajput

RISHABH SRIVASTAVA

Co-Author Rishabh Srivastava, 23 years old is from The Sangam city i.e. Prayagraj, graduated from Oxford of the East "University of Allahabad" in commerce stream. His goal is to be a Banker. He loves reading novels as they educate a lot about various fields of life. He has been writing for two years under the name @themouldedfeelings on Instagram, and it makes him feel awesome when he puts a smile on someone's face when they read his writeups.

WE WILL BE ALRIGHT.

We will be alright.

We will be alright.

Even if we're in a fight.

You're gonna, treat me right.

We should take a flight.

And roam all day, all night !

Coz you see my brightest side.

Even when I deny.

You tell me, I am so cool.

When I am a bloody fool

You make me believe in god.

When I thought he is a fraud.

You make me hypnotise.

When I look into your eyes.

You make love me at my worst.

When I lost the trust.

You make me whole again.

In spite of all this pain.

We will be alright

We will be alright.

- **Themouldedfeelings**

VINEETA SINGH

Co-author Vineeta Singh is a 18 years old girl persuing her graduation with agriculture. Her native place is Varanasi. She loves hindi poetries especially based on society and spirit.

नारी

दुनिया वालों ने अभिशाप का दे दिया दर्जा

कहते हैं फालतू में बढ़ाती हैं अपने माँ-बाप का खर्चा

और लगा दी हम पर पाबंदियाँ

कहते हैं नहीं होती लड़कियों के लिए आज़ादियाँ |

अगर लड़ने को खड़ी हो जाए अपने अधिकार के लिए तो

बेहया-बेशर्म हो जाती हैं इस समाज के लिए

वास्तव में बेशर्म वो नहीं , आप हैं

क्योंकि उनका शोषण करने वाले भी आप ही हैं |

द्वापरयुग हो या हो कलयुग शोषण होता है नारी का

हर युग में फिर चाहें द्रौपदी या असीफ़ा का

एक महाभारत उस युग में हुआ था एक आज होगा

जब पश्न नारी के सम्मान का उठेगा |

नारी का सम्मान करों समय की यही है पुकार

वरना कल तुम्हारी बहन-बेटी भी हो सकती है शिकार
नारी का अपमान ये पाप है बड़ा ही भारी

क्योंकि तुम्हें जन्म देने वाली माँ भी एक नारी ही है,

तुम्हारे साथ खेलने वाली बहन भी एक नारी है

तुम्हारा आजीवन साथ देने वाली पत्नी भी एक नारी है

नारी के बिना ये जीवन अधूरा है

मान लो यह बात यह सत्य पूरा-पूरा है ॥

- **Vineeta Singh**

ISHIKA SINGH DEO

Co-author Ishika Singh Deo goes by the pen name 'Aisha'. She describes herself as a person who writes a piece of poetry every two years and then disappears, only for her writer self to come out the next blue moon

FALLING OUT OF LOVE IN A PANDEMIC

The faint little promise I made to you?

The one that seemed so distant ?

That I will only stop loving you

When there are no ships

Sailing in the ocean

No cars,

Honking on the roads

No planes,

Ranging in the sky

No man,

Sauntering the streets.

I will only stop loving you

When at six in the evening

You look out the window and see

The world stopped.

The winds blow no trace of smoke

The sound of the birds is not muffled

By the sound of the traffic.

Look out the window, Love.

Looks like I have stopped loving you.

The promise doesn't seem so distant anymore, does it ?

I have stopped loving you.

-Aisha

KHUSHI SRIVASTAVA

Co-author Khushi Srivastava lives in Varanasi. She is studying in Bsc.ag. She describes herself as "Bolti hu bahut jada, sunti thoda kam hu, jo bhi bolti hu kadwa bolti hu dil ki buri ni hu, jhuth se sakht nafarat kyuki Mahakaal ki bhakt hu, shararat maano koot koot ke bhara hai mere me kyuki shree krishna ki bhakt jo thehri."

ख्याल

आजकल तेरे ख्याल बहुत आते है !

तेरे साथ बिताये वो लम्हें ;आजकल याद बहुत आते है !

तू तो चला गया, मुझे उन बीच राहो पे छोड़कर ;

जिस राह पे मैं; न पीछे मुड़कर देख सकती हूँ और न आगे मुड़कर किसी और का हाथ थामना चाहती हूँ!

तेरे सिवा !

क्यों कि ज़िद है मेरे इस दिल कि !न कोई तेरे जैसा चाहिए न कोई तेरे सिवा !

सिर्फ और सिर्फ तू चाहिए!

कल तुम्हीं ने कहा था न ?तेरे साथ पूरी ज़िन्दगी बितानी है

आज तुम्हीं मुझे बीच मंजर पे छोड़ गए ;

और

मैं वहीं मानो टूट सी गई !

अब न होगा ! मुझसे ये प्यार ,भरोसा ,विश्वास दोबारा ;

चाहे आजमा ले न मुझे ये दुनिया दोबारा ;

अब ये प्यार न होगा मुझसे दोबारा !

अब ये प्यार न होगा मुझसे दोबारा !

-   **Khushi Srivastava**

DEEKSHA SHUKLA

Co-author Deeksha Shukla is pursuing her graduation in art stream. She has been writing poetry since last 2 years as her passion. She wants to become a good writer in future.

बनारसी लड़की

वो लड़की ख़ुद को इश्क़ में
बनारस बताती हैं।
होंठो पे महादेव तो आँखों में
बनारस बसाती हैं।

माथे पर त्रिपुंड लगाए वो सारा
बनारस घूम आती है।
की पूछने पर वो ख़ुद से ज्यादा रंग
बनारस के दिखाती हैं।
वो लड़की ख़ुद को इश्क़ में
बनारस बताती हैं।

की वो हर बात मालिक और
गुरु में कर जाती हैं
की अस्सी से दशाश्वमेध के
चक्कर वो रोज लगाती है।
वो लड़की ख़ुद को इश्क़ में
बनारस बताती हैं..

महादेव से मोहब्बत तो चाय
से इश्क़ जताती है.
वो लड़की खुद को इश्क़
में बनारस बताती हैं।

विश्वनाथ से सुबह तो शामें
घाटों पर बिताती हैं..
वो लड़की ख़ुद को इश्क़ में
बनारस बताती है।

बनारस की गलियों को वो ख़ुद
में बसाती है।
वो लड़की खुद को इश्क़ में बनारस बताती हैं।
वो कुल्हड़ से कुल्हड़ लड़ाती है,वो ख़ुद को अल्हड़
बनारसी बताती हैं।

की चाय की अड़ी पर वो अपनी
खुशियां मनाती है।
वो लड़की ख़ुद को इश्क़ में
बनारस बताती हैं।

- Deeksha Shukla

MAHI GUPTA

95

Co-author Mahi Gupta is a good writer from Delhi. She is in12th with the science stream. She has been writing poetry for 7 months as her passion. She wants to be a lawyer in future.

फ़रियाद

इस नए ज़माने ने हमें कुछ यूं बना दिया,

हमारे अंदर जीवित इंसान को ही मिटा दिया,

अब प्यार को भी हमने एक धोखे का नाम दिया,

या खुदा हमने मशीन से क्या प्यार किया,

तूने हमें ही मशीन बना दिया...

हे प्रभु ये इंसान तेरी बंदगी का गुलाम है,

अब तो सुन ले उस मां की फ़रियाद जिसने भेजा वो पैगाम है,

अब तो ध्यान दे उस आंसु से लथ-पथ बेटी की फ़रियाद पर,

हैसियत समझ रहे हैं लोग प्रकृति की अब तो सब्र कर,

अपने इख्तियार का यूं ना फ़ायदा उठा रे खुदा,

हम तेरी ही कठपुतली है तू हमें खुद से ना कर यूं जुदा,

हमने तस्सावुर में भी ना सोचा की तू ये मंजर दिखाएगा,

शहर के इंतज़ार में बैठा ये तो सोचा ही नहीं

कि तू ऐसा तूफ़ान लाएगा...

-    **Mahi**

E. MOUNIKA

Co-Author E.Mounika is a resident of Chittoor, Andhra Pradesh. She aims to become a famous writer. She waits for more oppurtunities and works to utilize the given oppurtunities in a proper way. She works hard to become successful in her life.

CHILDHOOD

Childhood is the time,

Which we can never get back.

Those days were very precious,

But, now people are very pragmatic.

Those days I used to play with many toys,

Now-a-days people are very practical about others lives.

In my childhood,

I was waiting for the whole year,

To celebrate just a 24 hours born day,

But, now not even interested for that day.

Funny cutifs with friends,

Cute and funny behaviours,

Endless games and joy,

Makes me smile when I think about it.

No pain, no stress,

No worries, no overthinking.

Always fun and cutest moments,

Were experienced in those days.

But, now it's all in an opposite path.

Waiting for the PET hour,

Enjoying a lot with friends.

Waiting for the sleeping hour,

And acting as if laying in front of teacher,

But, murmuring with buddies under the bench,

Was the most fascinating experience.

When I was a kid,

Just a smile made others anger to cool down.

But, now the same trick,

Didn't work.

There are many differences,

Between the childhood and present.

So, enjoy your life,

With lots of joy and happiness

-E. Mounika

TANU TRIPATHI

Co-author Tanu Tripathi is an unknown poet. A poet who is lost in her own world of imaginations. You will find peace, happiness, dullness and sorrow in her words.

WHAT DO YOU SEE

What do you see?

Is Attraction

What do you hear?

Is Voice of Soul

What do you say?

Is Treasure of Heart

What do you read?

Is Pisces of reality

What do you want?

Positivity around Negativity

What do you feel?

Emptiness of Happiness

What's gonna stay forever?

Mom & Dad

What's your eternity love for?

Living with Soulmate

What do you care about?

Other's Perception

What is life to you?

Magical chest of Hopes

-Tanu Tripathi

YASEEN HUSAIN SHAIKH

Co-author Yaseen Husain Shaikh is a student and writing is his hobby.

Special

If your special one leaves you

Don't force them to stay

Because your 100 reason can stop them

But the relation between you

Will not be the same again.

-   Yaseen Husain Shaikh

PRIYA TIWARI

Co-author Priya Tiwari is from Madhya Pradesh. She goes by the pen name 'इति'. She is a student of Banaras Hindu University. She believes 'to love and be loved'.

सरल है क्या प्रेम में होना ?

दो अलग अलग प्रकृतियों का एक होना

जब निस्वार्थ भाव से मिलती हैं दो प्रकृतियां,

तब सृजन होता है उस प्रेम का...

जो धरा का निश्छल, आकाश सा अंतहीन है

जो नदी सा निर्मल, पर्वत सा अटूट है

बेला के सुगंधित फूल सा,

जो घने अंधकार में भी खिले महके,

और आनंदित करे समस्त प्रकृति को।

सृजन होता है उस प्रेम का..

जो अपने संग लाता है स्वतंत्रता,

स्वतंत्रता उन्मुक्त विचारो की, भावनाओ की

असीम अनुराग की, अनंत्य विश्वास की।

हां वही प्रेम जो राधे ने श्री कृष्ण से किया था,

वही प्रेम जो मैंने तुमसे किया है..

- इति

DEVANSHI SHISHODIA

आपका नाम देवांशी शिशोदिया है। आप गाजियाबाद से हैं। आपको शायरी पढ़ने का बचपन से शौक रहा है और लिखना बहुत पसंद है। आप पिछले कुछ सालों से लिख रही हैं साथ ही मॉडलिंग, फैशन शो आदि में भी भाग लिया है। आप कुछ हरियाणवी फिल्मों में काम भी कर चुकी हैं। आप गाना गाने का भी शौक रखती हैं। आप गीतकार-लेखक बनना चाहती हैं। आप अक्सर करती हैं दिल की बात अपनी डायरी के साथ, जब लिखने बैठती हैं तो नहीं देखतीं हैं दिन है या रात।

गलती

मेरी क्या गलती थी

फुर्सत मिले तो बताना मुझे

तुम कितना प्यार करते हो जताना मुझे

मेरी कहा गलती थी बताना मुझे

क्या साथ नहीं दिया था मेने तेरा

या प्यार कम पड गया था मेरा

प्यार ज्यादा करना गलत था

या तेरे लिए दुनिया से लडना गलत था

गलती मेरी थी तो चुप क्यूं है बता ना मुझे

प्यार इतना कच्चा तो नहीं था हमारा

तो समाज के लिए तूने क्यू साथ छोड़ दिया मेरा

गलत थी में तो मेने क्यू साथ दिया तेरा

इतने सालो का प्यार यू तो आसानी से ना भुलाया जाता

और बिना नसीब के तो यहा कोई इंसान नहीं मिलाया जाता

में गलत थी तू तो सही था

तो तेरा भी तो कुछ फर्ज था

मैं तो बेटी थी मुझ पर तो उनका कर्ज था

सच मे मेरी कोई गलती रही हो तो बता जरूर देना

अब तो ये भी नही कह सकती है कि जो चाहे सज़ा देना

- Devanshi Shishodiya

-

PRABHAT RANJAN

He is Prabhat Ranjan (deadman), age 20 yrs and pursuing Bachelor's in Technology in CSE branch. He never thought of becoming writer, it's because of some situations, he realised that he has a talent of writing. Slowly and steadily he is growing, learning more and wanting people to connect with his quotes. As sometimes reading write-ups heal up people better than others. He wishes to complete his bachelor's and want his talent to grow more and help people to smile more. He believes in living the present moment because the past is unchangeable and future is unpredictable. You can contact him through Email - prabhuisthename@gmail.com or Instagram - deadman_rewound or phantom_feelings

तुम

कोई खास सा,

मेरी रूह के पास सा,

एक अनकही आवाज सा,

रुके हुए अल्फाज़ सा,

गहरे से राज़ सा,

टूटे हुए साज सा,

ख्वाबों के काश सा,

जिसके लिए मैं उदास सा,

दिलकश अंदाज़ सा,

पर मुझसे नाराज़ सा,

मेरे मर्ज के इलाज़ सा,

दिल जिसका मौहताज सा,

बच्चों की तरह बदमाश सा,

ओढ़े मस्ती का लिबास सा,

मुकम्मल हुई नमाज़ सा,

कुबूल हुई अरदास सा,

एक अधूरी सी आस सा,

तन्हा लम्हों की प्यास सा,

मेरी निगाहों की तलाश सा,

मुझमें बसा मेरी ही सांस सा,

मेरे आखिरी अंज़ाम सा,

जो कल तक था मेरे ही आगाज़ सा,

तुम

\- **Phantom**

SHWETA SINGH

श्वेता सिंह, ओबरा, सोनभद्र उ.प्र. की रहने वाली हैं। यह एक प्रतिष्ठित शिक्षा संस्थान में सह-समन्वयक / शिक्षक के रूप में शैक्षिक पेशे में है, एक दशक से काम कर रही है और एक व्यवसायी महिला भी है। इन्होंने 2015 में लिखना शुरू किया था। वह हिंदी में कविताएँ लिखना पसंद करती है और उसे अलग-अलग विधाएँ सीखने का बड़ा शौक है। इन्हें शब्दों में छिपी भावनाओं और जीवन के अनुभवों को बुनना पसंद करती है। लेखन इनके लिए एक अराधना जैसे है, जिसमें निरंतरता रखने से मन कभी बोझिल नहीं होता एवं परम आनंद का अनुभव करता है। इन्होंने 50 से भी ज्यादा एंथोलॉजी में सह-लेखक हैं और अपने लेखन कौशल को और चमकाने के रास्ते पर हैं।

मोहब्बत की अनकही दास्ता

माना की दिल अभी तुम्हें जानता नहीं,

इत्मीनान से अभी पहचानता नहीं,

फ़ासला अभी एहसासों में बहुत है,

नज़ाकत बातों में अब भी बहुत है,

अनकहा अभी बेहिसाब है दरमियाँ,

दिलों के मिलने में लम्बी है घड़ियाँ,

फिर भी ये दिल तुम्हारी ही बातों पर झुमता है,

कुछ तो है, जो ये तुमपे ही रुकता है।

नज़रों की तो अभी मुलाकातें नहीं हुई,

मेलजोल की अभी बातें भी नहीं हुई,

अभी तो तुम्हारे आँखों को पढ़ना है,

चेहरे के उन जज्बातों को समझना है,

छुपे है जो अल्फ़ाज होठों के पीछे

अभी तो उन भावों को परखना है,

फिर भी ये दिल तुम्हारी आहट को सुनता है,

कुछ तो है, जो ये तुमपे ही रुकता है।

शुरु तो अभी ये सफर हुआ है,

ना इकरार, ना इन्कार हुआ है,

अभी तो मीठी बातों की लड़ी ना लगी,

तकरार की अबतक छड़ी ना लगी,

हजारों मरतबा अभी इरादों को टकराना है,

कभी रूठना, तो कभी मनाना है,

फिर भी ये दिल तुम्हारे ही ख़्वाब बुनता है,

कुछ तो है, जो ये तुमपे ही रुकता है।

- श्वेता सिंह

MAHEEBA SYED

Co-Author Maheeba Syed is 20 a year old ambitious girl from Delhi who is pursuing BCA. She goes by the pen name 'Farza'. Writing is her passion and she has been a part of many anthologies. She writes short stories, poems and quotes in English and Hindi. She has a dream of becoming a programmer and an author.

एक लव स्टोरी

मुलाकात हुई दोनों की
एक सोशल प्लेटफार्म पर
बातें शातें हुई और
हुआ हसी मज़ाक भी
धीरे धीरे बन गए दोस्त
और फिर हो गया प्यार
एक दिन ना गुज़रता था
बगैर गुड मॉर्निंग टैक्स्ट के
परेशान हो जाता था एक जब ना आता था दूसरा
ऑनलाइन
लड़ाई भी होती थी
पर ना टूटा भरोसा
शिद्दत मुहब्बत थी दोनों को एक दूसरे से मगर
लग गयी नज़र किसी तीसरे की
पकड़ी गई लड़की
तुड़वा दिया रिश्ता
रुठे हुए थे
मगर कभी छोड़ा ना साथ
खैरियत पता करते थे

दोस्तों से एक दूसरे की
और फिर
लग गयी नज़र किसी तीसरे की
बिना कुछ बोले छोड़ गया वो उसको अकेला
इन्तज़ार उसने किया दिन भर ना आया जवाब
यक़ीन नहीं छोड़ा और इन्तज़ार करती रही
गुज़र गये महीने
ना लौटके आया वो
थक गयी सबके तानो से, क्यूँ किया उससे इश्क़ ये
ना सुनना था उसको और
ना हुआ उससे इन्तज़ार और
और कर ली उसने
खुदकुशी
और खत्म करदी अपनी
ये लव स्टोरी।

- **Farza**

AKANSHA BHATNAGAR

Co-author Akansha Bhatnagar is native of Haldwani, Uttarakhand. She has completed her Graduation in Humanities with History as her major subject. She is a writer who writes what she feels and experiences and you will be reading a combo of reality and imagination through her writings.

जब तुम मिलोगे तो

जब तुम मिलोगे तो पूछेंगे तुमसे ,

जो बातें रह गई थी बाकी वो भी कर लेंगे तुमसे ,

समय कहां जाता है ना पता ही नही चलता ,

कल हम कहां थे और आज कहां है

इसी में ही ये वक्त है गुजरता ,

क्या दिन थे वो जो हमने साथ में बिताए थे

खुशी हो या गम , हम मिलकर मुस्कुराए थे ,

ना जाने फिर अब कब आएगा वो दिन

जिसमे में और तुम नहीं बस हम होंगे उस दिन ,

खैर समय इतना जो बीत गया है तुम्हे देखे

तो गले लगकर रो लेंगे थोड़ा और बचे किस्से भी बया
कर लेंगे तुमसे

हां ! जब तुम मिलोगे ना तो पूछ ही लेंगे तुमसे

जो बातें रह गई थी बाकी वो सब भी कर लेंगे तुमसे ।

- **Akansha**

DEEPTIMAYEE RANA

Co-author Deeptimayee Rana is a good writer from Kalahandi, Odisha. She has completed her Graduation in Arts stream. She has been writing poetry for 1 year as her passion. She wants to be an successful writer in future.

FRIENDS FOREVER

The way he approached

And the way she denied

to be his love

The way she reacted   And the way he cried

After realising the love

It was special but All of a sudden   They feel a burden

Of a new feeling

That feeling was strange   Something like a craze

They could decide nothing

Neither they could stay away

Nor they could stay together

She wanted to maintain distance

And he just wanted to stay near by her

They competed a journey from strangers to friends

And from friends to stranger

And finally after a point With a smile they fixed their bond

As friends forever

-Deepti

ANTIMA PATHAK

Co-author Antima Pathak is a good writer from Azamgarh. She is pursuing her Graduation in Arts stream. She has been writing poetry for 10 months as her passion. She wants to be a teacher in future.

लड़की

अगर मालूम होता लड़की होना एक सजा है तो मैं
लड़की बन कभी आयी ना होती,

जहाँ जिस्म नोंच कर लोग मिटाते अपनी भूख हैं,
उस देश में मैं कभी जन्मी ही ना होती,

अगर मालूम होता लड़की होना एक सजा है तो मैं
लड़की बन कभी आयी ना होती,

कर दोष ये दोषी रहते इतने शान से है, पीड़िता को
ही सहनी सारी सजा होती है,

अगर मालूम होता लड़की होना एक सजा है तो मैं
लड़की बन कभी आयी ना होती,

सरकारों को दोष दिया, कैंडल ले विरोध किया,
मिलता कुछ भी नहीं इन फालतू की चीजों से है,

अगर मालूम होता लड़की होना एक सजा है तो मैं
लड़की बन कभी आयी ना होती,

दोषी को निर्दोष बता मिली सजा आज फिर एक
निर्दोष बेटी को है,

अगर मालूम होता लड़की होना एक सजा है तो मैं
लड़की बन कभी आयी ना होती,

समझ मे आयी बस ये ही एक बात है, गलती उसकी
या उसके छोटे कपड़ो की नहीं है,

गलती तेरी छोटी सोच की है,

अगर मालूम होता लड़की होना एक सजा है तो मैं
लड़की बन कभी आयी ना होती।

- **Antima Pathak**

ANKIT SINGH

Co-author Ankit Singh goes by the pen name 'pakdandi_diary'. He is a free soul writer who believes in penning down his visions.

MUSE

Muse Cold weather breezy nights Standing in the balcony inhaling Marlboro light Lost without any cause Taking a pause Gazing the star My muse you are so far Heart craves to yell out those words which are left unspoken In hope of to meet you down the road once again!!

\- **pakdandi_diary**

VINAY SINGH

विनय सिंह 'आवारा शायर' के नाम से जाने जाते है। इनके मुताबिक़ "ज़माने की सोच और परिस्थिति को हर बार शब्दों मे उतारता हूँ, हर दर्द खुशी का जिक्र करता हूँ, हाँ मै आवारा हूँ।"

बदनाम

बाप फफक कर रोया था माँ बिन खाये सो गयी
जब पता चला उनकी औलाद किसी और की हो
गयी
और भाई को जगह नही मिला,
दिल मे दबाये सारे अरमान था
सबको लगा खुश है वो,
उसके अन्दर आँसूओ का तूफान था
नाजो़ से पाला था,
फिर क्यो काँटो वाला काम किया
माँ-बाप की इज्जत को क्यो सरेआम नीलाम
किया
मै पूछना चाहता हूँ हर लड़के लड़की से आज
किस हक से माँ बाप को बदनाम किया ?

\-   **Aawara Shayar**

PRATIGYA RAI

Co-author Pratigya Rai is a girl with impackable dreams. She is travelling her way for journalism. She writes with passion.

तुम्हारा प्यार

तुम्हारा प्यार बारिश की बूँदे है जिसमे भींग जाना चाहती हूँ, तुम्हारा प्यार बनारसी साड़ी है जिसे मैं पहनना चाहती हूँ, तुम्हारा प्यार गंगा है जिसमे मैं नहाना चाहती हूँ, तुम्हारा प्यार काजू कतली का थाल है जिसे मै खाना चाहती हूँ, तुम्हारा प्यार छात्रसंघ चुनाव हैं जिसे मै जीतना चाहती हूँ

- Pratigya Rai

DIPTIMA SHREEVASTAVA

Co-author Diptima Shreevastava is a girl with happy face. She is a software engineer in Infosys. She lives in Pune. She loves to eating and travelling.

बनारस

मैं भले ही, किसी नौसिखिए की,

बनाई हुई कोई तस्वीर हूं,

वो मशहूर लियोनार्डो दा विंची की बनाई

मोनालिसा की चित्र है...!

पले बढ़े होंगे लोग विदेशों में

या ख्वाहिश होगी उनकी विदेशों की

हमारे लिए तो यही भाग्य, यही भाग्य विधाता,

और बनारसीपन संज्ञा नहीं, हमारा इत्र है...!

तुम्हारे साथ बिताया हर वक़्त,

यहां के संकरे गली मोहल्ले,

सड़क, भीड़ भाड़ से गुजर कर भी,

मंदिरों और गंगा जल सा पवित्र है...!

तुम्हारे कहे शब्द आज भी याद है

वक़्त अब गुजरता नहीं, सब बर्बाद है,

याद आता है शहर बनारस, क्यूंकि

यहां ज़िन्दगी भी एक चलचित्र है...!

यहां जान पहचान की ज़रूरत नहीं होती,

आपको बस घुलना मिलना होता है,

या तो आप हमें अपना लीजिए या फिर

स्वतंत्र छोड़ दीजिए खुद को,

यहां हर कोई आपका मित्र है...!

यहां लोग जीने की ख्वाहिश से ज़्यादा,

मरकर मोक्ष पाना चाहते हैं,

अल्हड़ पन यहां का एटिट्यूड है,

सच कहूं तो बनारस विचित्र है।

- **Dipti**

ASHISH VISHWKARMA

Co-author Ashish Vishwkarma goes by the pen name 'Ashish VKS'. He is a notorious kid who learn while playing. He is an upcoming mechanical engineer. He is passionate dreamer.

ऐसा थोड़ी होता है

ऐसा थोड़ी होता है

बच्चा है मन, ये भी रोता है

सपनों की खातिर आगे बढ़ जाते हैं

क्या वो साथ पुराना अपना भूल जाते हैं

खुश होते हैं भीड़ में सभी तो क्या

गम में वो पुराने तकिए कभी उसे याद आते है

नये शहर में नए लोगों के बीच क्या उस

यादों के पुराने गुल्लक को वो सहेज कर रख पाते हैं

उन बहुमंजिला छतों की बाउंड्री पर भी क्या कभी

आलू भुजिया संग चाय और बातों के किस्से बिखर पाते
हैं

दौड़ते भागते शहर में अब भी क्या कभी सीढ़ियों पर
बैठ सुकून की चंपी के साथ वो यादों के ठहाके दोहरा
पाते हैं

हां, बेसक इस दौर में महंगे मोबाइल फ़ोन हों लेकिन वो
बिन कैमरे के लम्हों को कैद क्या अब भी दिलों में कर
पाते हैं

उस पिंजरे से आजाद हुए पंछी भी कभी
क्या लौटकर अपने पुराने आशियाने में आ पाते हैं ?

- **Ashish Vks**

DURGESH PRATAP SINGH

Co-author Durgesh Pratap Singh is a student of class 12th. He lives in Kasimabad, Ghazipur, Uttar Pradesh.

एक पिता ही है जो मुझे रोते हुए हंसना सिखाया

आपने ऊँगली पकड़ कर चलना सीखाया हमको,
आपने अपनी नींद देकर चैन से सुलाया हमको,
आप ने अपने आँशू छुपाकर हम को हसाया ,
आप ही थे जो मुझे रोते हुए हंसना सिखाया।।

जब में छोटा था मुझको कोई समझ न थी तब भी ,
आप ने न दिन देखा न रात देखा,
आप ने हर मेरे सपने को पूरा करने का ख्वाब देखा,
मेरे जिंदगी के सारे सपने को आप ने अपनी आँखों में पाल लिया,
एक आप ही थे जिसने मुझे रोते हुए हंसना सिखाया।।

वो गर्मियों कीशाम थी जब आप ड्यूटी से आये
थे ,

तब आप ने मुझे तेज बुखार से अकेला पाये थे ,
आप के पैर से चला नहीं जा रहा था तभी आप
ने मुझे साइकिल से हास्पिटल पहुंचाया थे,
एक आप ही थे जो मुझे हर मुश्किल से लड़ना
सिखाया,
एक पिता जी ही है, जो मुझे रोते हँसना सिखाया

कुछ वक्त बीत गया अब समझ आने लगा,
क्या होता है पिता....
खुदा की मूरत होता हैं पिता ,
जिसको कोई लफ्जों में ना भुना जा सकें और जो
कलमो से ना लिखा जाए सकें वो होता हैं पिता,
खुद को मजदूर बनाकर अपने परिवार को खड़ा
कर देता है
वो होता है पिता,
जो अपने बच्चों को रोते हुए को हंसना सिखा दे
वो होता है पिता।।

- दुर्गेश प्रताप सिंह

www.ingramcontent.com/pod-product-compliance
Lightning Source LLC
LaVergne TN
LVHW091714190726
843493LV00001B/293